ズバリ 精准预测
日能予想問題集
日语能力测验

2级
听解
模拟考试

松岡龍美 编

附 CD 2片

にほんご

合格を勝ち取る！

南开大学出版社
天津电子出版社

本著作物由大新书局授权出版

天津市版权局著作权合同登记号：图字 02-2007-80

图书在版编目（CIP）数据

精准预测日语能力测验模拟考试. 二级听解/（日）

松冈龙美编. —天津：南开大学出版社，2008.1

ISBN 978-7-310-02842-9

Ⅰ. 精⋯ Ⅱ. 松⋯ Ⅲ. 日语 – 听说教学 – 水平考试 – 习

题 Ⅳ. H369.6

中国版本图书馆CIP数据核字(2007)第203053号

南开大学出版社、天津电子出版社出版发行

出版人：肖占鹏

于志坚

地址：天津市南开区卫津路94号 邮政编码：300071

天津市南开区长实道19号 邮政编码：300191

※

天津新华二印刷有限公司印刷

全国各地新华书店经销

※

2008年1月第1版 2008年1月第1次印刷

787×1092毫米 16开本 3.75印张 39.5千字

定价：16.00元（含2张光盘）

如有图书印装质量问题，请与营销部联系调换，电话：(022)23678808

まえがき

　日本語能力試験の３つの科目のうち、日本国内の受験者の方が、日本国外の受験者より、明らかに平均点が高いのが「聴解」です。

　つまり、自分の国で日本語を学習しているみなさんにとって一番難しいのが「聴解」ということです。やはり、「聴解」で合格点を取るために一番いいのは、日本に留学することかもしれません。

　私たちは、特に、自分の国でＣＤを聞きながら受験勉強をしているみなさんのために、過去10年間のデータを徹底分析し、日本語能力試験の「聴解」にはどんな問題が出るのか、明らかにしました。このような問題集は、他にはありません。

　どんな問題が出るのかわかれば、後は、そのための練習をするだけです。それが試験の成績をあげるために一番良い方法だと、私たちは確信しています。

　私たちが、問題集を作るときの思いはいつも同じです。

　みなさんが、一人でも多く試験に合格できますよう、心から祈っております。

編　者

本書の構成

この問題集は、２部構成になっています。
前半は、２回分の模擬試験、後半は、模擬試験のスクリプトです。

聴解問題の練習は、とにかく何度も問題を聞いて、パターンをつかむことが大事です。ＣＤをくりかえしくりかえし聞いて、練習しましょう。

目　次

2 級

聴　解

（100点　40分）

注　　意

1 . 受験番号と名前を下の欄に、はっきりと書いてください。

2 . この問題用紙は全部で9ページあります。

3 . 問題Ⅰと問題Ⅱでは解答のしかたが違います。例をよく見て注意してください。

4 . CDを聞きながら、この問題用紙にメモをとってもかまいません。

受験番号	
名　　前	

問題 I

例 1

1

2

3

4

例 2

1. ふろしき

2. せんす

3. うちわ

4. にんぎょう

1番

1

2

3

4

2番

1
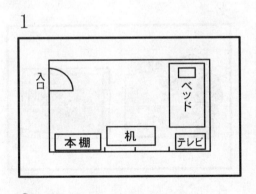

2
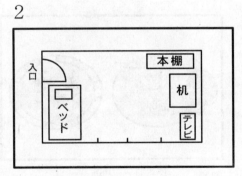

3
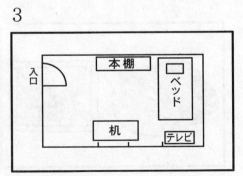

4
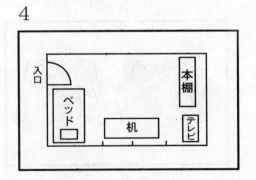

3番

1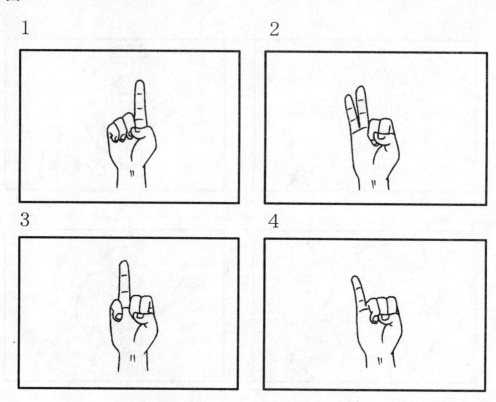

2

3

4

4番

1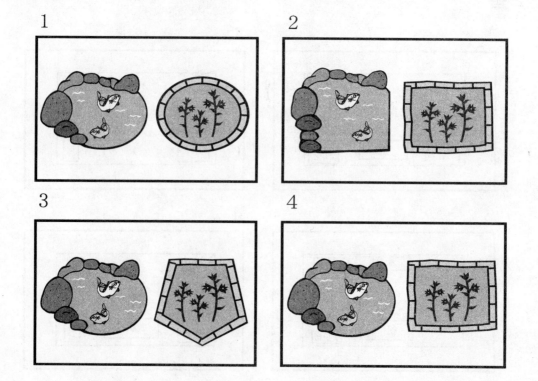

2

3

4

5番

1

2

3

4

6番

1. ゆうひ

2. ゆうやけ

3. ゆうだち

4. やけど

7番

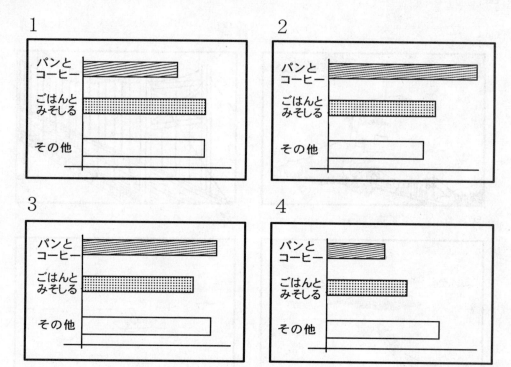

8番

9番

1

2

3

4

10番

1. 中野3－3－15

2. 中野3－5－15

3. 中野5－3－15

4. 中野5－5－15

11番

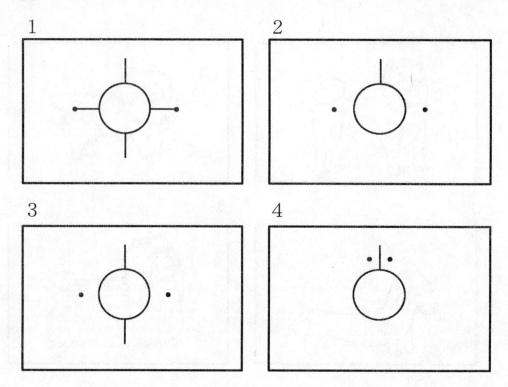

12番

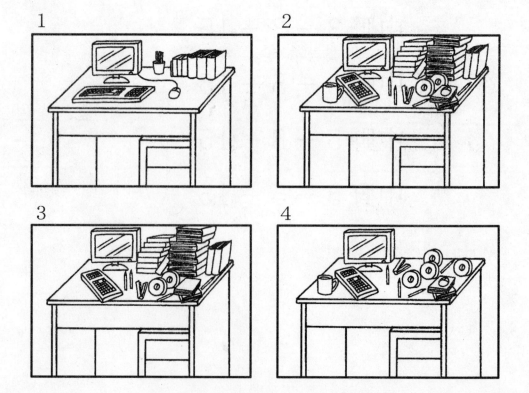

13番

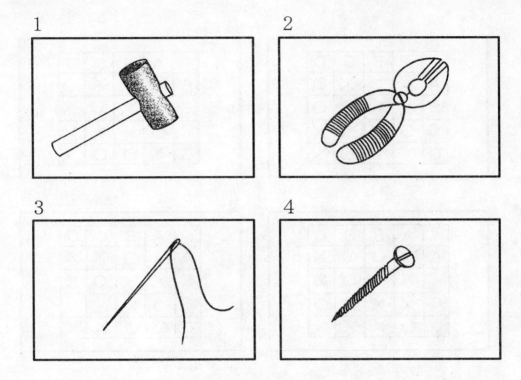

14番

1. 20分ぐらいです。

2. 30分ぐらいです。

3. 50分ぐらいです。

4. 60分ぐらいです。

15番

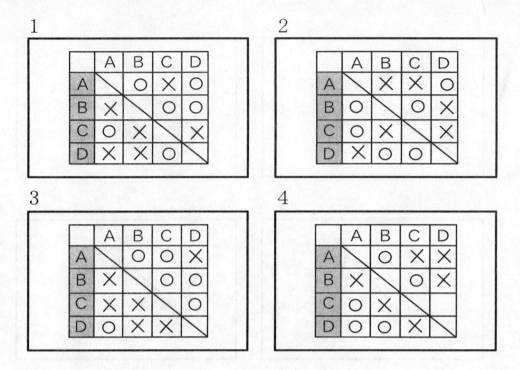

問題 II

※　問題 II には絵などはありません。

2級 日本語能力試験模擬試験 解答用紙 聴解

受験番号

名前

※ 黒い鉛筆で書いてください。

※ 書き直すときは、消しゴムできれいに消してください。

問題 I

解答番号	\ 解答欄 1	2	3	4
例1	●	②	③	④
例2	●	②	③	④
1	①	②	③	④
2	①	②	③	④
3	①	②	③	④
4	①	②	③	④
5	①	②	③	④
6	①	②	③	④
7	①	②	③	④
8	①	②	③	④
9	①	②	③	④
10	①	②	③	④
11	①	②	③	④
12	①	②	③	④
13	①	②	③	④
14	①	②	③	④
15	①	②	③	④

問題 II

解答番号		解答欄 1	2	3	4
例	正しい	●	②	③	④
	正しくない	①	●	●	●
1	正しい	①	②	③	④
	正しくない	①	②	③	④
2	正しい	①	②	③	④
	正しくない	①	②	③	④
3	正しい	①	②	③	④
	正しくない	①	②	③	④
4	正しい	①	②	③	④
	正しくない	①	②	③	④
5	正しい	①	②	③	④
	正しくない	①	②	③	④
6	正しい	①	②	③	④
	正しくない	①	②	③	④
7	正しい	①	②	③	④
	正しくない	①	②	③	④
8	正しい	①	②	③	④
	正しくない	①	②	③	④
9	正しい	①	②	③	④
	正しくない	①	②	③	④
10	正しい	①	②	③	④
	正しくない	①	②	③	④
11	正しい	①	②	③	④
	正しくない	①	②	③	④
12	正しい	①	②	③	④
	正しくない	①	②	③	④
13	正しい	①	②	③	④
	正しくない	①	②	③	④
14	正しい	①	②	③	④
	正しくない	①	②	③	④

2 級

聴　解

（100点　40分）

注　意

1．受験番号と名前を下の欄に、はっきりと書いてください。

2．この問題用紙は全部で8ページあります。

3．問題Ⅰと問題Ⅱでは解答のしかたが違います。例をよく見て注意してください。

4．CDを聞きながら、この問題用紙にメモをとってもかまいません。

受験番号	
名　　前	

問題 Ⅰ

1番

1
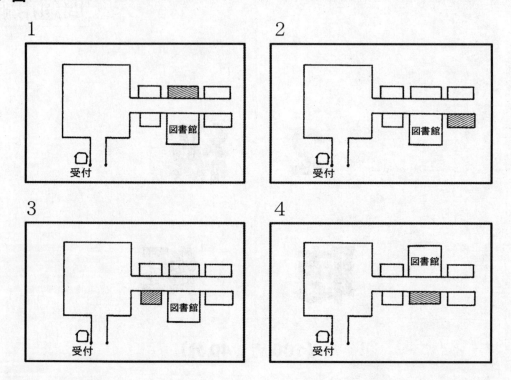

2番

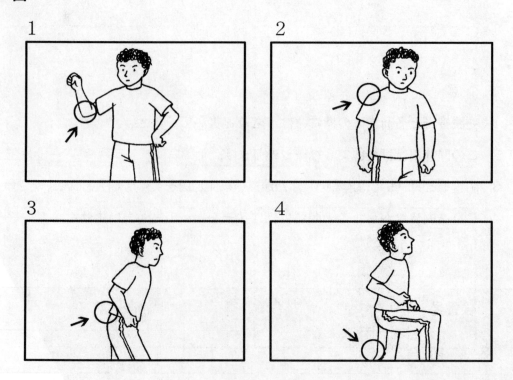

3番

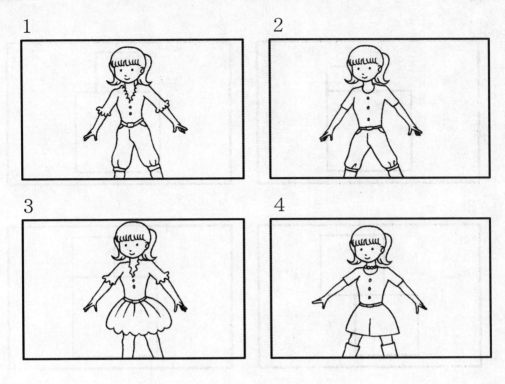

4番

5番

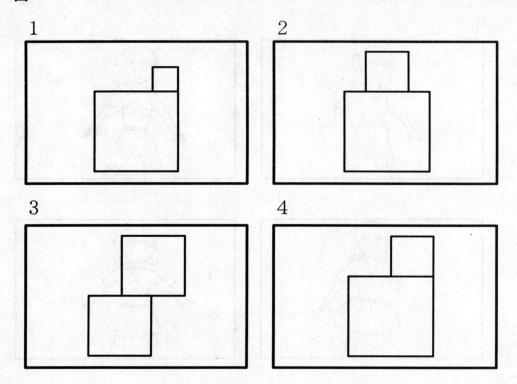

6番

1. 1号車です。

2. 2号車です。

3. 3号車です。

4. 4号車です。

7番

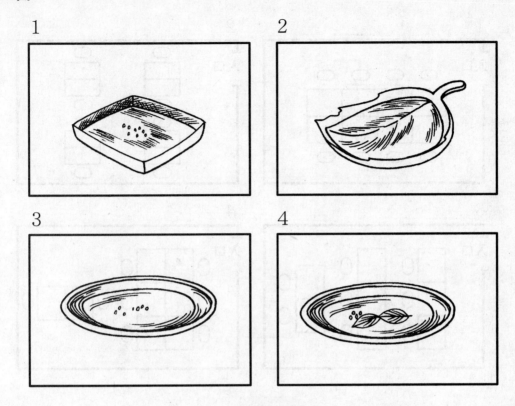

1

2

3

4

8番

1. 2時です。

2. 2時30分です。

3. 2時50分です。

4. 3時です。

9番

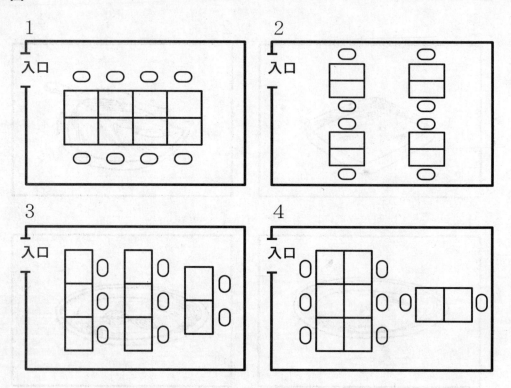

10番

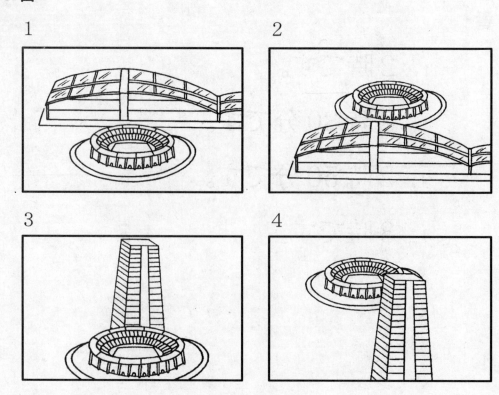

11番

1

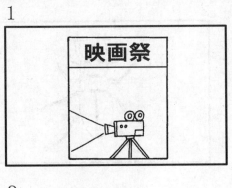

2

3

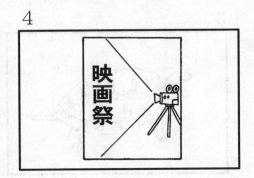

4

12番

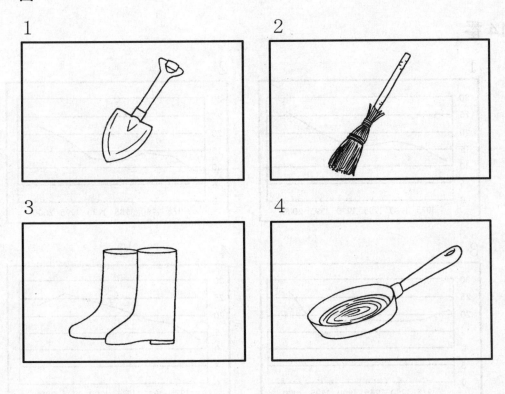

13番

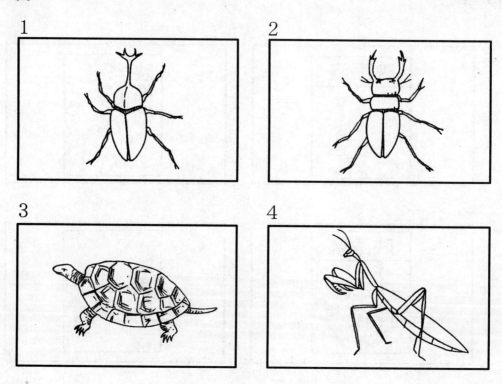

14番

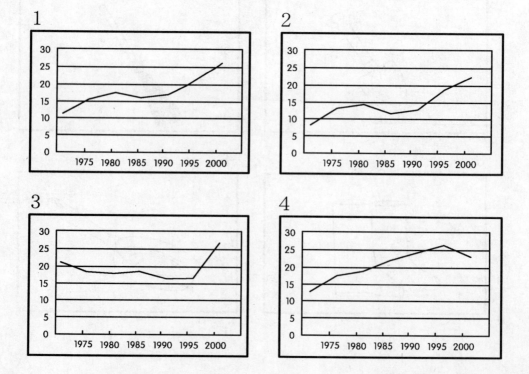

15番

1. 島めぐり ⇒ 夕 食 ⇒ 温 泉

2. 島めぐり ⇒ 温 泉 ⇒ 夕 食

3. 島めぐり ⇒ おみやげ ⇒ 温 泉

4. 島めぐり ⇒ 夕 食 ⇒ おみやげ

問題 II

※ 問題 II には絵などはありません。

2級 日本語能力試験模擬試験 聴解 解答用紙

受験番号

名前

※ 黒い鉛筆で書いてください。
※ 書き直すときは、消しゴムできれいに消してください。

問題Ⅰ

解答番号	解答欄 1	2	3	4
例1	●	②	③	④
例2	●	②	③	④
1	①	②	③	④
2	①	②	③	④
3	①	②	③	④
4	①	②	③	④
5	①	②	③	④
6	①	②	③	④
7	①	②	③	④
8	①	②	③	④
9	①	②	③	④
10	①	②	③	④
11	①	②	③	④
12	①	②	③	④
13	①	②	③	④
14	①	②	③	④
15	①	②	③	④

問題Ⅱ

解答番号		解答欄 1	2	3	4
例	正しい	①	②	③	④
	正しくない	●	●	●	④
1	正しい	①	②	③	④
	正しくない	①	②	③	④
2	正しい	①	②	③	④
	正しくない	①	②	③	④
3	正しい	①	②	③	④
	正しくない	①	②	③	④
4	正しい	①	②	③	④
	正しくない	①	②	③	④
5	正しい	①	②	③	④
	正しくない	①	②	③	④
6	正しい	①	②	③	④
	正しくない	①	②	③	④
7	正しい	①	②	③	④
	正しくない	①	②	③	④
8	正しい	①	②	③	④
	正しくない	①	②	③	④
9	正しい	①	②	③	④
	正しくない	①	②	③	④
10	正しい	①	②	③	④
	正しくない	①	②	③	④
11	正しい	①	②	③	④
	正しくない	①	②	③	④
12	正しい	①	②	③	④
	正しくない	①	②	③	④
13	正しい	①	②	③	④
	正しくない	①	②	③	④
14	正しい	①	②	③	④
	正しくない	①	②	③	④

例 1　CD-1 TRACK 01

男の人と女の人が話しています。山口さんは、どんな顔をしていますか。

女：ちょっと、その写真、見せて。ね、山口さんて、どの人？

男：山口さん？

女：ほら、今度、テレビのコマーシャルに出るってうわさの…。

男：ああ、あの山口さんね。えーと、その後ろの方にいるでしょ。

女：この、左端の丸顔の子かなぁ。

男：ん？ちがうよ。髪が短くて、顔はちょっと細いけど、目がまん丸の子がいる
　　でしょ。

女：あっ、わかった。

山口さんは、どんな顔をしていますか。

正しい答えは、1です。解答用紙の、問題Ⅰの、例1のところを見てください。
正しい答えは、1ですから、答えはこのように書きます。

例 2　CD-1 TRACK 02

男の人と女の人が話しています。2人は何を選びましたか。

女：ねえ、マリアさん、もうすぐ帰国するんでしょ？

男：うん。

女：何か、プレゼントしようよ。日本のおみやげ。

男：何がいいかなあ。日本にしかないものがいいよね。

女：うんうん。風呂敷とか下駄とか団扇とか扇子とか人形とか…

男：花火とかお酒とかお茶とかは、なくなっちゃうしね。

女：ねえ、やっぱりあれにしようよ。折りたたんであって、布だから荷物にならら
　　ないし。

男：そうしよう。

2人は何を選びましたか。

正しい答えは、1です。解答用紙の、問題Ⅰの、例2のところを見てください。
正しい答えは、1ですから、答えはこのように書きます。

1番　CD-1 TRACK 03

女の人が話しています。どの絵について話していますか。

女：この仕事は、屋根の上を歩いたり、危険を伴うので、軽快に歩けるよう、ゴム底の靴をはきます。それとやはり大事なのが頭です。頭を守るために必ず安全帽をかぶって作業しなければなりません。

どの絵について話していますか。

2番　CD-1 TRACK 04

男の人と女の人が話しています。部屋はどうなりますか。

女：まず、ベッドね。ベッドはどこに置くの？
男：そうだねー。ベッドはやっぱり奥がいいと思うんだ。
女：ふーん。で、机は？窓のそばとか…
男：そうそう。机と本棚を並べて置いて。
女：後はテレビかな。
男：うん。テレビはね。ベッドと壁の間に置くんだ。枕と反対側にね。
女：寝ながら見るつもりなんでしょ。
男：ね、こうすれば部屋が広く使えるでしょ。

部屋はどうなりますか。

3番　CD-1 TRACK 05

男の人が話しています。正しい絵はどれですか。

男：では、まず、親指を中に入れて右手を握ってみてください。いいですか。親指を中です。それから、次に小指と薬指を伸ばしてください。薬指、4番目の指ですね。いいですか。これは、みなさんできると思うんですが、次、そのままの状態から、小指だけ、曲げてください。薬指は伸ばしたままですよ…

正しい絵はどれですか。

4番　CD-1 TRACK 06

男の人と女の人が話しています。この家の庭はどうなりますか。

男：ねえ、花壇なんだけど、どこに作ろうか。
女：池のとなりに作りましょうよ。ちょうど空いてるし。
男：そうだね。で、どんなかたちにする？

女：池と同じ形はどう？

男：うーん。やっぱり、四角い方がたくさん植えられると思うけど。

女：そうね。じゃ、そうしましょう。

この家の庭はどうなりますか。

5番　CD-1 TRACK 07

男の人と女の人が話しています。2人が見ている景色はどれですか。

男：いい眺めですね。遠くに見えるのが四国ですか。

女：ええ、あんなふうに島を渡って、橋がつながっているんですね。

男：下は海ですからね。

女：なんか、とても心が広くなったような気がしますね。

2人が見ている景色はどれですか。

6番　CD-1 TRACK 08

女の人が話しています。何について説明していますか。

女：天気のいい日の夕方、太陽が沈むころ西の空が赤くなることを日本語ではこのように言います。
　　まるで空に火がついて、焼けたように赤くなるので、このような言葉ができました。

何について説明していますか。

7番　CD-1 TRACK 09

男の人が話しています。男の人の話に合っているのはどのグラフですか。

男：これは日本人の食生活について調査した結果ですが、そのうち各家庭の朝ご飯のメニューを表したものです。今でもやはり一番多いのが、パンとコーヒーですが、毎朝食べる食品もいろいろで、その他の数が、ご飯とみそ汁の数に迫っていることが注目されます。

男の人の話に合っているのはどのグラフですか。

8番　CD-1 TRACK 10

お父さんと娘が話しています。どんな写真ができますか。

男：ほら、写真、撮るから、アキコがお母さんにプレゼント渡すんだ。

女：どうして？私が撮るから、お父さん、渡しなよ。

男：いいんだ。今日はそういう日なんだから。父さんが母さんにあげる日は、また、別に決まってるんだ。

女：なんだか恥ずかしいなぁ。

男：何言ってるんだよ。そんなんで、どうする。父の日は、父さんがおまえにもらうんだからな。

女：えーっ、お願いだから、今日だけにしてよ。

どんな写真ができますか。

9番　CD-1 TRACK 11

男の人と女の人が話しています。女の人の犬はどれですか。

女：うちの犬って利口なのよ。

男：ふうん、どんなの？

女：普通の日本犬なんだけどね、特徴は、しっぽが長めだってことと、目と目の間に白い丸が2つあって、4つの目みたいに見えるんだ。

男：ふうん。

女：それで、どこが利口かって言うと…。

女の人の犬はどれですか。

10番　CD-1 TRACK 12

男の人と女の人が話しています。タケシくんの正しい住所はどれですか。

男：引っ越したタケシくんのうちにハガキを出したんだけど、戻ってきちゃった。住所、間違ったのかな。

女：どれどれ。えーと、たしか、中野3丁目だったよね。

男：あれ？上野5丁目から、中野5丁目に引っ越したんじゃなかったっけ？

女：ちがうわよ。3丁目。3、5、15で覚えやすいねって言ってたじゃない。

男：そっかそっか。5の3じゃなくて3の5か。

タケシくんの正しい住所はどれですか。

11番　CD-1 TRACK 13

男の人が記号の説明をしています。説明している記号はどれですか。

男：これは、日本の国の役所を表す記号ですが、円の上部から短い直線が1本外側に出ていて、その直線の両側に、黒い点が1つずつ左右対称の位置に描かれています。

男の人が、説明している記号はどれですか。

12番　CD-1 TRACK 14

男の人と女の人が話しています。山下さんの机は今どうなっていますか。

女：見て、山下さんの机。ちょっと、ひどいんじゃない。

男：ほんとだ。ペンもホッチキスも出しっぱなし、コーヒーカップにCDも出てるし、積んだ本が崩れそうだよ。よくあれで仕事ができるね。

女：ほんと。それに比べると、さすがに部長の机は、いつ見てもかたづいてるわね。

男：仕事をしていないっていううわさもあるけどね。

山下さんの机は今どうなっていますか。

13番　CD-1 TRACK 15

男の人と女の人が話しています。男の人は何を使いますか。

男：ここのところは、動かないように、釘を打っておきましょうか。

女：いや、釘だと木の板が割れちゃうかもしれないから…

男：じゃ、こっちにしますか。

女：そう。それでしっかり、木の板をとめておいてくれる？

男の人は何を使いますか。

14番 CD-1 TRACK 16

男の人と女の人が話しています。女の人が決めたアパートから学校までどのくらいかかりますか。

女：どっちのアパートがいいかな。

男：僕だったら、こっち、さくら駅からバスで30分ていうことは、学校までバスで20分でしょ。自転車で通ったらもっと早くいけるよ。

女：でも、わたし、自転車、乗らないから…

男：だって、そっちはもみじ駅から歩いて10分、もみじ駅からさくら駅まで30分。そこからバスに乗り換えたら、結局、1時間はかかると思った方がいいよ。

女：1時間ぐらいはしょうがないわよ。もっと遠くから来てる人もたくさんいるし、やっぱり家賃の安さと住みやすさで、こっちのアパートにするわ。

女の人が決めたアパートから学校までどのくらいかかりますか。

15番 CD-1 TRACK 17

女の人が話しています。話の内容とあっている表はどれですか。

女：これは4チームによるサッカーの試合の結果を表にしたものです。表の一番左が自分のチームで、表の一番上の相手のチームと戦った結果は〇と×で表しています。その結果、2勝したAチームとBチームが優勝決定戦を行うことになりましたが、3位はDチームに勝ったCチームに決まりました。

話の内容とあっている表はどれですか。

問題II

例　CD-1 TRACK 18

男の人と女の人が話しています。女の人は、はじめに何をしますか。

男：あれ、どこに行くの？

女：ちょっと、銀行に用があるのよ。

男：そう。じゃあ、悪いけど、切手買ってきてくれないかな。80円の。

女：しょうがないな。じゃあ、銀行の帰りに寄って来るわ。

女の人は、はじめに何をしますか。
　1．手紙を書きます。
　2．郵便局へ行きます。
　3．銀行へ行きます。
　4．電話をします。

正しい答えは、3です。解答用紙の、問題IIの、例のところを見てください。
正しい答えは、3ですから、「正しい」の欄の3を黒く塗ります。そして「正しくない」の欄の1、2、4も黒く塗ります。「正しくない」答えも、忘れないで、黒く塗ってください。

1番　CD-1 TRACK 19

男の人と女の人が、図書館の前で話しています。女の人はどうして子どもといっしょに図書館へ来るのですか。

女：こんにちは。

男：あっ、こんにちは。よく、図書館に来るんですか。お子さんといっしょに。

女：いえ、週に1回か2回ぐらいなんですけどね。

男：本が好きなんですね。

女：いや、そういうわけじゃないんですよ。あまり本は読まないんですよ。

男：えっ、本を借りるんじゃないんですか。

女：ええ、読むんじゃなくて聞きに来てるんですよ。毎週木曜にお話会があってね。子どもが好きなんですよ。昔話を聞くの。

男：そうですか。おもしろそうですね。

女の人はどうして子どもといっしょに図書館へ来るのですか。
　　1．本が大好きだからです。
　　2．お話会があるからです。
　　3．本を借りるためです。
　　4．音楽会があるからです。

2番　CD-1 TRACK 20

デパートの売り場で男の人と女の人が話しています。注文した品物はいつ女の人の家に届きますか。

男：ご注文いただいた品物ですが、ただ今調べましたところ、2週間ほどみていただきたいんですが。

女：あら、そう。ということは、何日になるの？

男：はい。今日が4日ですから、18日でございます。

女：あら、その日は困るわ。みんな出かけて留守になっちゃうから…もう少し早くならないの？

男：さようでございますか。では、なんとか前日にお届けするように致します。

女：そう。じゃ、それでお願いするわ。

男：かしこまりました。もしかしたら、14日ごろ入荷するかもしれませんので、その場合は、事前にお電話してから、お届けにあがるようにさせていただきます。ありがとうございます。

注文した品物はいつ女の人の家に届きますか。
　　1．11日です。
　　2．14日です。
　　3．17日です。
　　4．18日です。

3番　CD-1 TRACK 21

姉と弟が話しています。姉は弟に対してどう思っていますか。

女：ただいまー。

男：お、おかえり。

女：どうした？今日は、ちゃんと大学、行ったの？

男：うーん。

女：ダメでしょう。高い学費払ってんだから。もったいない。お母さん、聞いたらなくわよ。

男：うーん。学費はアルバイトで何とかするよ。

女：それなら、好きにすれば。でもね、休むとくせになるから、がんばりなさいよ。卒業だけはしてよね。

男：うーん、わかった。

姉は弟に対してどう思っていますか。
1．弟はダメな人間だ。
2．学費を自分で払うべきだ。
3．弟はなんでも自由にすればいい。
4．大学を卒業するべきだ。

4番　CD-1 TRACK 22

男の人と女の人が話しています。どうして映画は始まっていましたか。

男：あーあ、やっぱり映画、始まっているよ。ここは入れ替え制だから、次の回まで、待たなきゃならないな。どうしようか。

女：あなたが携帯電話で長話するからよ。

男：何言ってるの。キミのお化粧のほうが、10倍長いでしょう。

女：まぁ失礼ね。ちょっと待って。ここに「上映時間を変更します」って書いてあるよ。

男：なんだ、遅れたわけじゃなかったのか。えーと、次の回は、2時半からか。じゃ、もうすぐだ。中で待とう。

どうして映画は始まっていましたか。
1．男の人が携帯電話で長話をしていたからです。
2．女の人のお化粧に時間がかかったからです。
3．上映時間が変更されたからです。
4．この映画館は入れ替え制だからです。

5番　CD-1 TRACK 23

男の人が話しています。男の人が運動を始めたきっかけは何ですか。

男：ええ、今は毎朝、近くの公園まで走ってるんですよ。40過ぎると、やっぱり体がね…。いえ、前にも息子の運動会に参加するからって、2週間くらい走ったことはあるんですけどね。30代は、運動なんかしなくても大丈夫だったんですよ。それが、去年、近くのバス停まで走っただけで、膝をいためてしまいましてね。治るのに半年くらいかかりましてね。こりゃいかんと思ったわけです。

男の人が運動を始めたきっかけは何ですか。
1．40歳になったから。
2．去年、足をいためたから。
3．息子の運動会に出るから。
4．運動不足になったから。

6番　CD-1 TRACK 24

男の人と女の人が話しています。2人は今度の連休にどこへ行きますか。

男：今度の連休、どうしようか。久しぶりに空気のきれいなところにでも行こうか。それとも、いつものようにまた、映画でも見に行くかい？

女：ごめんなさい。連休は、バイオリンやってる友だちのコンサートがあって、みんなで聞きに行くことになってるのよ。2日目ならあいてるんだけど。

男：そっかぁ。じゃあ、温泉で1泊なんて無理だねえ。

女：ねえ、よかったらいっしょに聞きに行かない？チケット、少し余ってるって言ってたから。

男：いいの？

女：うん、だいじょぶだいじょぶ。そうしましょ。

2人は今度の連休にどこへ行きますか。
1．山へ行きます。
2．コンサートへ行きます。
3．映画を見に行きます。
4．温泉へ行きます。

7番 CD-1 TRACK 25

男の人と女の人が話しています。山田さんは昨日、どうしましたか。

男：山田さん、昨日、足を怪我したんだって。

女：えー、トモコが？何か、事故にでもあったのかな。

男：何かね、サッカーの試合を応援してて、転んだって言ってたよ。

女：トモコらしいわね。私はまた、自転車で転んだのかと思った…

男：前は、骨が折れたっていってたもんね。

女：そうそう、ま、今回はそれほどでなくて、よかったわね。

山田さんは昨日、どうしましたか。
1．サッカーの応援をしていて、足の骨を折りました。
2．自転車で転んで怪我をしました。
3．サッカーの応援をしていて、転んで足を怪我しました。
4．自転車で転んで足の骨を折りました。

8番 CD-1 TRACK 26

男の人と女の人が学校で話しています。男の人はこれからどうしますか。

女：何か、疲れてるみたいね。

男：うん、朝までレポート書いてて、今日がしめきりで、あんまり寝てないんだ。

女：午後の授業はどうするの？ダンス部の練習は？

男：今日は、午後はあいてるんだ。だからちょっとアパートに戻って、休んでくるよ。練習には出るつもりだから。もし、遅れたら、みんなにそう言っといて。

女：うん、わかった。

男の人はこれからどうしますか。
1．レポートを書きます。
2．アパートに戻ります。
3．午後の授業に出ます。
4．ダンスの練習に出ます。

9番 CD-1 TRACK 27

男の人が新しい車イスについて話しています。この車イスが便利なのはどんな点だと言っていますか。

男：このたび89歳のお年寄りが発明した「ソーラー　車イス」は、4輪の車イスに屋根をつけて、屋根の部分にタテ1メートル、幅50センチの太陽電池を取り付けたもので、晴れていれば30キロぐらい走れるといいます。屋根の部分を太陽に4〜5時間あてるだけでオーケー。何よりも、家庭の電気をコードで引っ張って充電する必要がなく、便利です。有害なガスを出すわけでもなく、免許もいらないため、すでに日本全国から60件の注文があるそうです。

この車イスが便利なのはどんな点だと言っていますか。
1．屋根があることです。
2．家庭から電気を取らなくていいことです。
3．有害なガスが出ないことです。
4．免許がいらないことです。

10番 CD-1 TRACK 28

男の人と女の人が話しています。女の人はどうして喜んでいるのですか。

男：どうしたの、田中さん。そんなにニコニコしちゃって。何か、いいことあった？
女：えっ、そうですか。わかります？
男：わかるよ、そりゃ。顔に書いてあるじゃない。1億円当たりましたって。
女：そんなわけないじゃないですか。でも、それよりうれしいかも。
男：なんだよ、それ。お金よりいいことって、まさか、結婚？
女：いえいえ、出張でフランスに行くことになったんです。
男：へえー、そりゃよかったね。

女の人はどうして喜んでいるのですか。
1．宝くじで1億円、当たったから。
2．結婚が決まったから。
3．新婚旅行でフランスへ行くことになったから。
4．仕事でフランスへ行くことになったから。

11番　CD-1 TRACK 29

男の子とお母さんが話しています。男の子はだれと約束しましたか。

母　親：どうしたの、アキラくん。元気ないね。木村さんとけんかでもしたの？

男の子：ううん。そうじゃないんだけど。

母　親：じゃ、なによ。教えて。

男の子：うーん。ケンちゃんとの約束、忘れてたんだ。ほら、父さんに頼んで、有名選手のサインをもらってやるって。

母　親：なんだ、そうだったの。で、お父さんにはもう話したの？

男の子：じゃなくて、父さんに話すの、忘れてたんだ。

男の子はだれと約束しましたか。
1．木村さんです。
2．ケンちゃんです。
3．有名選手です。
4．お父さんです。

12番　CD-1 TRACK 30

女の人が水素燃料の自動車について話しています。女の人はこの車のどこが環境にやさしいと言っていますか。

女：近年、自動車の排出ガスによる大気汚染を少しでも減らすため、環境にやさしい車、いわゆるエコロジーカー、エコカーの開発が進んでいます。特にホンダ、トヨタなどの日本車の技術は世界最高の水準にあり、実用化も進んでいます。いくつか種類があるエコカーですが、今、最も注目を浴びているのが水素燃料を使った電気自動車です。これは、水素と酸素を反応させて電気を取り出すしくみですが、出てくるのは水だけというきわめてクリーンな自動車で、世界の自動車メーカーが開発に力を入れており、今後開発の競争はますます激しくなると思われます。

女の人はこの車のどこが環境にやさしいと言っていますか。
1．日本の車の水準が高いところです。
2．種類がたくさんあるところです。
3．出てくるのが水だけというところです。
4．競争が激しいところです。

13番　CD-1 TRACK 31

男の人と女の人が電話で話しています。女の人はどうやって本を返せばいいですか。

女：あ、田中先生、お忙しいところ、すみません。お借りしていた本ですが、実は、母が急に入院しまして、今日は大学に行けなくなってしまったんですが…

男：あ、そう。それはいけませんね。

女：どうしたらよろしいでしょうか。先生のご自宅に郵便でお送りしましょうか。

男：そうね。僕も、出張でね、今日から1週間ばかり留守だからね。どうしようかな。

女：それとも、明日だったら、大学に行けると思いますので、研究室の佐藤さんにお渡ししましょうか。

男：うんうん、そうしよう。僕から佐藤君にも言っておくから、そうしてください。

女の人はどうやって本を返せばいいですか。
1．先生の自宅に郵便で送ります。
2．大学の研究室に郵便で送ります。
3．研究室の佐藤さんに郵便で送ります。
4．研究室の佐藤さんに渡します。

14番　CD-1 TRACK 32

男の人が話しています。男の人はナノテクノロジーについて何と言っていますか。

男：ナノテクノロジーというのは、ナノメートル、つまり1メートルの10億分の1という小さな小さな超小型の世界の最新技術のことで、生命科学や情報通信などの分野で注目されています。なにしろ、10億分の1メートルですから、もう原子のレベルに近いわけで、この新技術を使えば、たとえば一つの大学図書館が持っているような膨大な量の情報をすべて、たった一つの角砂糖ほどの記憶装置に収めることができるのだそうです。すごいですね。ということは、携帯電話のように手軽に持ち運べるパソコンも夢ではなく、いずれ近い将来、私たちの手に入るようになるでしょう。

男の人は「ナノテクノロジー」について何と言っていますか。
1．新しい分野の情報通信だと言っています。
2．巨大な記憶装置のことだと言っています。
3．原子レベルの技術のことだと言っています。
4．小さな小さなコンピューターだと言っています。

問題Ⅰ

例1　CD-2 TRACK 01

男の人と女の人が話しています。山口さんは、どんな顔をしていますか。

女：ちょっと、その写真、見せて。ね、山口さんて、どの人？

男：山口さん？

女：ほら、今度、テレビのコマーシャルに出るってうわさの…。

男：ああ、あの山口さんね。えーと、その後ろの方にいるでしょ。

女：この、左端の丸顔の子かなぁ。

男：ん？ちがうよ。髪が短くて、顔はちょっと細いけど、目がまん丸の子がいる
　　でしょ。

女：あっ、わかった。

山口さんは、どんな顔をしていますか。

正しい答えは、1です。解答用紙の、問題Ⅰの、例1のところを見てください。
正しい答えは、1ですから、答えはこのように書きます。

例2　CD-2 TRACK 02

男の人と女の人が話しています。2人は何を選びましたか。

女：ねえ、マリアさん、もうすぐ帰国するんでしょ？

男：うん。

女：何か、プレゼントしようよ。日本のおみやげ。

男：何がいいかなあ。日本にしかないものがいいよね。

女：うんうん。風呂敷とか下駄とか団扇とか扇子とか人形とか…

男：花火とかお酒とかお茶とかは、なくなっちゃうしね。

女：ねえ、やっぱりあれにしようよ。折りたたんであって、布だから荷物になら
　　ないし。

男：そうしよう。

2人は何を選びましたか。

正しい答えは、1です。解答用紙の、問題Ⅰの、例2のところを見てください。
正しい答えは、1ですから、答えはこのように書きます。

1番　CD-2 TRACK 03

女の人が受付で聞いています。入学センターはどこですか。

女：すみません。入学センターはどちらになりますか。

男：はいはい、入学センターですね。この道をまっすぐ行くと広場がありますか
　　ら、右へ行ってください。右へ行って、右側の最初の建物の1階にあります。

女：ということは、図書館の手前の建物ということですね。

男：そうです、そうです。通り過ぎたら図書館ですから、すぐわかりますよ。

入学センターはどこですか。

2番　CD-2 TRACK 04

男の人と女の人が話しています。男の人は体のどこを痛めましたか。

女：田中さん、どうしたんですか。元気ないですね。

男：ええ、そうなんですよ。昨日、久しぶりに市民センターで運動をしたんです
　　がね。

女：はい。

男：腕や肩や腰はだいじょうぶなんですよ。たまに腕立て伏せなんかしたりして
　　るから。

女：田中さんって、がっしりしてますものね。

男：でも、足にきちゃって、膝の裏の筋が伸びてしまったらしいんですよ。

女：あらー、痛そう。あまり無理しないでくださいね。

男の人は体のどこを痛めましたか。

3番　CD-2 TRACK 05

男の人と女の人が話しています。どの絵について話していますか。

女：見て見て、あの女の子。

男：おもしろい襟だね。ほら、首の周り。今、はやってるのかな。

女：下も、短めなんだね。

男：馬に乗る時のズボンみたいだね。

どの絵について話していますか。

4番　CD-2 TRACK 06

男の人と女の人が話しています。山田さんは、今、どんな様子ですか。

男：あ、山田さんだ。

女：え？どの人。

男：ほら、あそこ。銅像の前に立ってる人。待ち合わせなんだろうね。

女：ほんとだ。胸の前に雑誌を持って目立つようにしてるね。

山田さんは、今、どんな様子ですか。

5番　CD-2 TRACK 07

先生が説明しながら図形をかいています。先生がかいた図はどれですか。

男：いいですか、正方形を2つ積み重ねた図をかきます。下が大きくその上に、ちょうど面積が4分の1の正方形を描いてください。そうです、右の線を上下そろえて描きましょう。

先生がかいた図はどれですか。

6番　CD-2 TRACK 08

女の人がどのバスに乗ればいいか説明しています。男の人はどのバスに乗りますか。

女：いいですか。乗るバスの説明をします。1組と2組の出席番号10番までの人が、1号車に乗ってください。それから2組の11番から最後までと3組の人は2号車。4組の人と5組の10番までは3号車に乗ってください。4号車は、5組の残りの人、委員の人、先生方、それから遅れてきた人が乗ります。いいですか。

男：えーと、僕は2組の18番だから…。

男の人はどのバスに乗りますか。

7番　CD-2 TRACK 09

姉と弟が話しています。姉が取ってほしいのは、どの皿ですか。

姉：ちょっと、タケシ、手伝って。
弟：なに？
姉：そこのお皿、取ってくれる？
弟：四角いの？まるいの？長細いの？
姉：ううん、葉っぱの形をしたのがあるでしょう。
弟：ああ、これね。はい。

姉が取ってほしいのは、どの皿ですか。

8番　CD-2 TRACK 10

男の人と女の人が電車の中で話しています。会は何時に始まりますか。

男：やっと着いたな。2時の予定が30分も遅れちゃったよ。間に合うかな。
女：ええ、タクシーを飛ばせば、ここから20分で会場に着くはずです。
男：そうか。開始まで10分しかないのか。しかたがないな。
女：部長、お急ぎください。
男：よし、わかった。

会は何時に始まりますか。

9番　CD-2 TRACK 11

男の人と女の人が話しています。事務所の机はどうなりますか。

男：机は全部で8つになるんだよね。
女：一番簡単なのは、4つ横に並べて向かい合わせにするっていうのかな。
男：それはやめようよ。やっぱり、みんな入口を向いていた方がいいと思うよ。
女：そうね。一番奥は、小川さんと佐藤さんに座ってもらうことにしよう。
男：オーケー。これで行こう。

事務所の机はどうなりますか。

10番　CD-2 TRACK 12

男の人が写真を見ながら説明しています。説明している写真はどれですか。

男：これは都市の開発の様子を写した写真です。見てください、手前の野球場の すぐ向こう側に作られた横に細長い建物、これは国際展示場ですが、野球場 の大きさと比べてみるとその大きさがわかると思います。

説明している写真はどれですか。

11番　CD-2 TRACK 13

男の人と女の人が話しています。2人はどのポスターがいいと言っていますか。

男：映画祭のポスターなんだけど、僕、いいアイデアがあるんだ。
女：なに？どんなアイデア？
男：あのね、映写機があってね。それが、「映画祭」っていう字を映してるんだ。
女：おもしろいわね。それ、いけるかも。
男：文字に、少し写真をプラスしてもいいかなと思うんだ。
女：そうね。でも、それは何枚かかいてみてから決めましょう。
男：うん。じゃ、さっそくかいてみるよ。

2人はどのポスターがいいと言っていますか。

12番　CD-2 TRACK 14

男の人と女の人が庭で話しています。2人に必要な道具はどれですか。

女：ずいぶん木の葉が落ちてしまいましたね。
男：長い間、雨が続いたからね。
女：久しぶりのいい天気ですから、掃いてしまいましょうか。
男：そうだね。みんな掃き集めて、焼き芋しようか。
女：そうしましょう。

2人に必要な道具はどれですか。

13番　CD-2 TRACK 15

男の人と女の人が話しています。2人が話しているのはどれですか。

男：この虫、小学生に人気があるんだろう。マンガにもなってるみたいだし。
女：ほんとにケンカに強そうね。2本の角の内側がのこぎりの歯みたいになってて。
男：あれではさまれると痛いんだよな。
女：今では、外国からもいろんな種類が輸入されているそうよ。

2人が話しているのはどれですか。

14番　CD-2 TRACK 16

女の人が話しています。話の内容と合っているグラフはどれですか。

女：これは、わが国の離婚件数の変化を表したグラフです。一度1980年代の前半に17万件を超えたところで減少に向かったのですが、同じく80年代の後半からまた増え始め2000年には26万件以上にまで上っています。

話の内容と合っているグラフはどれですか。

15番　CD-2 TRACK 17

男の人が観光コースについて話しています。このコースの順番はどれですか。

男：ようこそ、双子島ホテルにいらっしゃいました。双子島遊覧コースのご案内を致します。この後、さっそく遊覧船に乗って、双子島の島巡りをしていただきます。それから、夕食の前に、地元の温泉に浸かってゆっくり疲れをとっていただきたいと思います。おみやげの店は、温泉の近くや遊覧船の乗り場の近くにたくさんありますので、お楽しみください。

このコースの順番はどれですか。

問題 II

例　CD-2 TRACK 18

男の人と女の人が話しています。女の人は、はじめに何をしますか。

男：あれ、どこに行くの？

女：ちょっと、銀行に用があるのよ。

男：そう。じゃあ、悪いけど、切手買ってきてくれないかな。80円の。

女：しょうがないな。じゃあ、銀行の帰りに寄って来るわ。

女の人は、はじめに何をしますか。
1．手紙を書きます。
2．郵便局へ行きます。
3．銀行へ行きます。
4．電話をします。

正しい答えは、3です。解答用紙の、問題 II の、例のところを見てください。
正しい答えは、3ですから、「正しい」の欄の3を黒く塗ります。そして「正しくない」の欄の1、2、4も黒く塗ります。「正しくない」答えも、忘れないで、黒く塗ってください。

1番　CD-2 TRACK 19

兄と妹が話しています。2人はこれからどうしますか。

妹：まだ来てないね。

兄：父さんと母さんのことだから、きっとぎりぎりにならないと現れないよ。

妹：まだ、20分もあるよ。どうしよう。

兄：おれさ、あそこの本屋に行って来ていい？トイレにも行って来たいし。

妹：いいよ。じゃ、わたし、ここで待ってるね。2人が来るといけないから。

兄：うん、お願い。頼むよ。

2人はこれからどうしますか。
1．2人とも本屋に行きます。
2．2人ともトイレに行きます。
3．兄は本屋へ行き、妹はトイレに行きます。
4．兄は本屋へ行き、妹はその場で待ちます。

2番　CD-2 TRACK 20

男の人と女の人が話しています。山田部長の挨拶は何番目になりましたか。

女：あの、すみませんが、中央電気のものなんですが、うちの山田の挨拶は何番目になっていますか。

男：えーと、花嫁の勤務先の上司ということでお話しいただく山田様でございますか。

女：ええ、渋滞で少し遅れるという連絡が入ったもので。

男：さようでございますか。山田様は、予定では2番目になっておりますが、では、友人代表のご挨拶が終わってからということにさせていただきます。ですから、2番目に花嫁側の友人代表、それから、花婿側の友人代表、その後に、山田様ということでよろしいでしょうか。

女：いいわ、とりあえず、それでお願いします。

山田部長の挨拶は何番目になりましたか。
1．2番目です。
2．3番目です。
3．4番目です。
4．5番目です。

3番　CD-2 TRACK 21

男の人と女の人が話しています。男の人はどうして髪を短くしましたか。

女：山田先生、どうしたんですか。そんなに、髪、短くして。スポーツ選手みたい。カッコいいですね。

男：はは、けっこうみんなに言われるんだよ。実はね、最近、体力が落ちてきてね、水泳を始めたんだけどね、やっぱり泳ぐ時は、髪、短い方がいいしね。…というかね、最近、頭に白い物が目立ってきちゃってね。これがほんとの理由。短い方が目立たないんだよ。

男の人はどうして髪を短くしましたか。
1．白髪がふえたからです。
2．カッコいいからです。
3．体力が落ちたからです。
4．水泳を始めたからです。

4番　CD-2 TRACK 22

女の人が市民センターの利用手続きをしています。女の人はどうすればいいですか。

女：すみません、こちらの音楽室を利用したいんですが。

男：はい。では、まず団体登録をしていただくことになりますが…

女：はい、一応、団体の登録はしてあるんですが…

男：そうですか。いつご利用の予定ですか？

女：はい、来月の25日を予定しています。

男：25日ですね、えーと、やっぱりね。音楽室は希望者が多いから、いつも抽選で決めるんですよ。それで、あさってがご利用の1カ月前ですから、10時に、こちらでみなさんにくじを引いていただいて、利用者を決めることになります。よろしいでしょうか。

女：わかりました。それから、料金の方はどうなっていますか？

男：こちらの利用案内をよくお読みいただいて、料金は、利用の2週間前までにお支払いください。後は当日清算という形になっております。

女：はい、わかりました。

女の人はどうすればいいですか。
1．利用団体の登録をします。
2．あさってもう一度センターに来ます。
3．利用料金を調べて、あした支払います。
4．来月の25日までに、利用料金を支払います。

5番 CD-2 TRACK 23

男の人にインタビューしています。男の人が、やったことのない仕事はどれです
か。やったことのない仕事です。

女：おはようございます。ハローＦＭ、今日の１分インタビューは、有限会社
　　『なんでもかんでも』の林さんに来ていただいています。林さん、具体的に
　　どんなお仕事なんでしょうか…

男：はい、もう会社の名前そのままで、日常のさまざまな仕事をお手伝いしてお
　　ります。

女：と言いますと、たとえば、お風呂や庭の掃除とか？

男：ええ、ええ多いですねえ。家事全般、それからやっぱり力仕事ですね。

女：そうでしょうねえ。

男：「部屋の模様替えをしたいから、家具を動かしてくれ」とかね。

女：じゃ、買い物とか、銀行でお金を下ろしたりとかは？

男：それはちょっと…買い物はありますけどね。そういうプライベートなことは
　　…そうそう、ご主人の会社まで書類を届けたこともありますよ。

女：さすが『なんでもかんでも』ですね。

男の人が、やったことのない仕事はどれですか。
1．書類を届けることです。
2．銀行でお金を下ろすことです。
3．買い物です。
4．力仕事です。

6番 CD-2 TRACK 24

男の人と女の人が話しています。女の人は、試合が終わったらどうするつもりですか。

男：今度の試合で、今年はもう終わりでしょう。卒業までどうするの？

女：そうね。就職も決まったし、監督には後輩の指導をしてくれって言われてる
　　んだけど…

男：そりゃそうだろうね。頼れる先輩、だからな。でも、卒業論文は、だいじょ
　　うぶなの？

女：そうなのよ。それがあるのよ。これまで、なまけてたから…試合が終わった
　　ら、とりかからないとね。
　　あーあ、旅行に行ったり、コンサートに行ったり、ほかにも、やりたいこと
　　たくさんあるんだけどな。

男：それは、しかたないでしょう。そんな暇はないと思うよ。

女の人は、試合が終わったらどうするつもりですか。
   1．就職活動をします。
   2．後輩の指導をします。
   3．卒業論文に取り掛かります。
   4．旅行やコンサートに行きます。

7番　CD-2 TRACK 25

男の人と女の人が話しています。男の人はなぜ怒っていますか。

男：あの店、困った店だなぁ。
女：あ、山本さん、どうしたんですか。
男：ほら、このシャツ。クリーニングに出したら…
女：あれ、ほんとだ。名前が山木ってなってますね。
男：失礼しちゃうよな。漢字が読めないわけじゃないだろうにね。
女：あの店、値段も安くないし、早いってわけでもないんですよね。
男：だったらちゃんとしてほしいよ。客の名前、まちがえるなんて。

男の人はなぜ怒っていますか。
   1．店の人は漢字が読めないからです。
   2．店の人に名前を間違えられたからです。
   3．クリーニングの値段が高いからです。
   4．クリーニングの出来上がりが遅いからです。

8番　CD-2 TRACK 26

男の人と女の人が話しています。女の人は何に反対していますか。

女：鈴木君、知ってる？税金の話。どう思う？
男：しかたないんじゃないの？政府も公務員を減らしたり、小さな政府を目指しているんだから。
女：それは当たり前の話じゃないの。でも、結局、税金を上げて国民に責任を取らせるなんて許せないわ。
男：だって、そんな政府を選んだのも国民なんだから。

女の人は何に反対していますか。
   1．公務員を減らすことです。
   2．小さな政府を目指すことです。
   3．税金を上げることです。
   4．今の政府を選んだことです。

9番 **CD-2 TRACK 27**

男の人がお見舞いの品物について話しています。鉢植えの花がよくないのはなぜですか。

男：たとえば、病気で入院している友だちのお見舞いに行く時、一般的には、栄養のある果物や、部屋を明るくする花束が多いようです。さて、この花なんですが、鉢植えの花をお見舞いに持って行くものではないとされています。というのも、切った花でしたら、すぐに枯れてしまいますし、退院のときは捨てることもできます。けれども、鉢植えの花は根を下ろしているわけですから、退院の時も家に持って帰らなくてはなりません。それでは、病気を家に持って帰るみたいですし、「根を下ろす」という言葉が、「病院にずっと、い続ける」という意味を連想させるために、いつしか嫌われるようになってしまったのです。

鉢植えの花がよくないのはなぜですか。
1．部屋を明るくするからです。
2．悪い意味を連想させるからです。
3．すぐに枯れてしまうからです。
4．退院のとき捨てなければならないからです。

10番 **CD-2 TRACK 28**

男の人と女の人が話しています。女の人は、いつ電話をすればいいですか。

女：もしもし、夜分恐れ入ります。山田みちこさんいらっしゃいますか。高校の時の同級生で佐藤と申しますが。

男：はい。ミチコは今、スキーに行ってるんだけどね。

女：そうなんですか。同窓会のことで、お電話したんですけれども…

男：そう。ミチコは1泊して、うちに帰るのは日曜の夜遅くになるって言ってたから、次の日がいいね。午後なら起きてると思うよ。かけなおしてくれる？

女：はい。じゃ…

女の人は、いつ電話をすればいいですか。
1．今日の午後です。
2．日曜の午後です。
3．日曜の夜遅くです。
4．月曜の午後です。

11番　CD-2 TRACK 29

男の人と女の人が話しています。女の人はもらった学生服についてどう言っていますか。

女：アキラくん、学生服、ありがとうね。助かったわ。

男：とんでもない。ヒロシくんにはちょっと小さくなかったですか？なんか最近ずいぶん大きくなったみたいだから。

女：それがね、ぴったりだったのよ。上も下も。

男：へえー、僕、足、短いからもしかしたらって思ってたんですけど。

女：そんなことないわよ。長さもぴったり。兄弟になったみたいだって言ってたわよ。

女の人はもらった学生服についてどう言っていますか。
1．上も下もちょうどよかった
2．上も下も少し大きかった。
3．ズボンが少し長かった。
4．ズボンが少し大きかった。

12番　CD-2 TRACK 30

男の人と女の人が話しています。男の人は息子についてどう思っていますか。

男：どうだい、アキラは。

女：あいかわらず、がんばってるみたい。

男：まだ、入社1年目だからな。なんでもかんでも、やるしかないからな。

女：むりしないようには言ってるんですけどね。昔から、あんまりがんばるタイプじゃないし。

男：そうなのかい？ま、それも父親に似たんだろう。だったら、心配要らないよ。

女：それもそうね。でも、たまには、アキラの話も聞いてやってくださいね。

男：うん、わかった。

男の人は息子についてどう思っていますか。
1．あまりむりをしないでほしい。
2．あまりがんばるタイプではない。
3．心配する必要はない。
4．息子の話を聞いてほしい。

13番　CD-2 TRACK 31

男の人が新しい車について話しています。この車について正しいものはどれですか。

男：今年のモーターショーで発表されたこの車は、環境や安全をテーマにした車が多い中で、ちょっと変わっています。見てください。運転席が水平方向に360度回転できますので、車を止めてもバックする必要がありません。たとえば、狭いところに前から入って駐車した時も、運転席をぐるっと回せば、そのまま前から出て行くことができて、とても便利です。もちろん、横に進むことはできませんが、もう、車の方向を変える時に、バックして神経を使わなくてもいいのです。

この車について正しいものはどれですか。
1. 環境や安全をテーマにしています。
2. バックしなくても方向を変えられます。
3. 横に進むことができます。
4. バックすることができません。

14番　CD-2 TRACK 32

男の人と女の人が話しています。女の人は男の人のどこがおかしいと言っていますか。

女：田中くんって、おかしいと思うな。
男：なに？僕のこと？おかしいって、おもしろいってことかな。
女：ほら、また、そんなにニコニコしちゃって。何がそんなにうれしいのかな。
男：いや、別に、いつもと同じなんだけど。
女：普通、人に怒られたり嫌われたりしたら、いやな気持ちになるじゃない。田中君って、逆に、ニコニコ笑ってるでしょ。何がうれしいのか、それともバカにしてるのか…
男：いやいや、そんなつもりはないよ。ただ、怒るってことは、僕の悪いところを教えてくれているわけだから、感謝しなくっちゃ、って思ってるんだ。
女：そこがおかしいんだよなぁ。

女の人は男の人のどこがおかしいと言っていますか。
1. 怒られても笑っているところです。
2. 怒られると相手をバカにするところです。
3. 怒られても反省しないところです。
4. 怒られると相手の欠点を教えてあげるところです。

日本語能力試験2級 聴解模擬試験解答

第1回模擬試験

問題Ⅰ

1番	2番	3番	4番	5番	6番	7番	8番	9番	10番
4	1	3	4	1	2	2	1	1	2

11番	12番	13番	14番	15番
4	2	4	4	3

問題Ⅱ

1番	2番	3番	4番	5番	6番	7番	8番	9番	10番
2	3	4	3	2	2	3	2	2	4

11番	12番	13番	14番
2	3	4	3

第2回模擬試験

問題Ⅰ

1番	2番	3番	4番	5番	6番	7番	8番	9番	10番
3	4	1	2	4	2	2	4	3	1

11番	12番	13番	14番	15番
4	2	2	1	2

問題Ⅱ

1番	2番	3番	4番	5番	6番	7番	8番	9番	10番
4	3	1	2	2	3	2	3	2	4

11番	12番	13番	14番
1	3	2	1